LE
CLOU DE BISKRA

A L'HOPITAL DE LIMOGES

MÉMOIRE

PRÉSENTÉ LE 1er MAI 1876

A LA SOCIÉTÉ DE MÉDECINE ET DE PHARMACIE DE LA HAUTE-VIENNE

PAR LE Dr RAYMONDAUD

PRÉSIDENT DE LA SOCIÉTÉ

Professeur de Clinique externe à l'École de Médecine de Limoges

LIMOGES

IMPRIMERIE DE Vᵉ H. DUCOURTIEUX

5, RUE DES ARÈNES, 5

1876

LE
CLOU DE BISKRA

A L'HOPITAL DE LIMOGES

PRÉAMBULE. — HISTORIQUE. — MOTIFS DE CETTE PUBLICATION.

Le clou de Biskra, à peine observé en Europe, est encore aujourd'hui, pour le plus grand nombre des médecins, une nouveauté nosologique. L'histoire scientifique de cette maladie date des premières années qui suivirent l'expédition des Français dans le sud de la province de Constantine, en 1844. Elle est tout entière dans les écrits des médecins militaires de notre armée d'occupation en Afrique.

Le premier, par ordre de publication, est la thèse du docteur Poggioli : *Essai sur une maladie cutanée nouvelle ou dermatose ulcéreuse, observée à Biskra.* — Paris, 1847.

A partir de celui-ci, les travaux sur la question se multiplient et se succèdent rapidement.

Le docteur H. Hamel en comptait déjà seize en 1860. Ce sont, en général, des études sur la topographie de Biskra et sur l'endémie qui règne dans le pays des Zibans, dont Biskra est la ville principale.

A cette époque, la question prend plus d'importance ; son horizon s'élargit : aux monographies, succèdent des recherches comparatives entre l'endémie des Zibans et les affections similaires observées dans d'autres régions du globe.

C'était le moment de l'expédition de Syrie : le conseil de santé militaire avait cru devoir inviter les médecins du corps expéditionnaire, à profiter de la circonstance qui leur permettait d'étudier, sur place, le bouton d'Alep, pour établir les rapports qui pouvaient exister entre cette maladie endémique et celle de Biskra, que plusieurs d'entre eux avaient observée en Afrique. — De cette idée, naquit le travail de M. H. Hamel, qui conclut à l'identité des deux affections.

Ce rapprochement ne fut pas le seul qui se produisit, et peut-être les tentatives faites dans ce sens, dépassèrent-elles la juste mesure.

Mais un fait non moins important à signaler, c'est l'aspect nouveau sous lequel la question ne tarda pas à se présenter : jusque-là, le clou de Biskra n'avait été observé qu'en Afrique ; le plus souvent dans le pays des Zibans, son berceau ; quelquefois, plus au sud vers le désert ; exceptionnellement sur quelques points du littoral.

La troisième phase de la question, sur laquelle nous avons l'intention d'insister, est caractérisée par un commencement de diffusion de la maladie endémique hors de sa sphère d'évolution spontanée, et même hors du continent africain, par son apparition dans quelques villes de France.

En 1860, le Dr Hamel, rappelant les travaux déjà nombreux qui avaient été publiés sur ce sujet, s'étonnait qu'avec une pareille richesse bibliographique, le clou de Biskra n'eût pas encore pris rang dans les ouvrages de pathologie classique, ni même dans les traités spéciaux de dermatologie.

A cette époque, il était permis de croire que le clou de Biskra, cantonné dans la région des Zibans, où ne pénétraient que les soldats français que le devoir y appelait, des industriels aventureux et quelques voyageurs intrépides, ne devait pas sortir de son pays d'origine. — Ce motif d'indifférence n'existe plus aujourd'hui : la zone où règne l'endémie semble s'étendre à mesure que se multiplient les travaux dont elle est l'objet ; l'assimilation du clou de Biskra avec d'autres affections appartenant à des régions éloignées, affections qui semblaient n'avoir avec la première que des liens de parenté équivoques, devient de plus en plus motivée ; enfin, le clou de Biskra a été observé, dans ces derniers temps, loin de son pays natal, à Lyon, à Paris, à Limoges.

C'est à la vulgarisation de ces faits et de quelques détails nouveaux de l'histoire du clou de Biskra, qu'est consacré le travail qu'on va lire.

Ce travail repose sur cinq observations, faites à l'hôpital de Limoges, dans les premiers mois de l'année 1874, sur cinq militaires qui, après avoir impunément séjourné dans un des centres de l'endémie africaine (à Msila, département de Constantine), en furent atteints longtemps après leur retour en France.

Mais avant de raconter les faits particuliers dont il s'agit, il nous semble nécessaire d'exposer, comme terme de comparaison, les notions dont se compose actuellement la pathologie du clou de Biskra. Les documents qui en sont la source sont presque exclusivement contenus dans le *Recueil de mémoires de médecine, de chirurgie et de pharmacie militaires.* Ils ont été obligeamment mis à notre disposition par nos honorables confrères, MM. les docteurs Robert, médecin-major de première classe au 14ᵉ régiment d'infanterie de ligne, et du Cazal, médecin-major au 23ᵉ bataillon de chasseurs à pied, à qui nous sommes heureux d'adresser ici nos remerciements.

SYNONYMIE.

La maladie qui nous occupe porte, en langue turque, le nom de *dous el kourmati* (mal des dattes); elle s'appelle, en arabe, *frina*, *hhab* ou *hhabba* (bouton); en français, *bouton*, *ulcère*, *clou de Biskra*.

Le docteur Weber, le dernier auteur qui ait écrit sur ce sujet (février 1876), dit que le nom de clou de Biskra est le seul usité à Biskra même. La maladie a encore été étudiée sous les dénominations suivantes : bouton des Zibans (Guyon, — Sonrier), clou de Laghouat (Didelot), chancre du Sahara (E. L. Bertherand), ulcère congloméré (Castaing).

D'après le docteur Alix, il n'y a pas lieu de désigner, par un nom spécial, cette affection qui n'a rien de spécifique, et les expressions clou de Biskra, de Laghouat, des Zibans, etc., etc., doivent disparaître, comme celles d'ulcère de Mozambique, de Cochinchine, etc., etc.

DISTRIBUTION GÉOGRAPHIQUE.

Les premières observations furent faites à Biskra, par Poggioli, Bédié, Beylot, Massip; puis à Zaatcha, distant de Biskra de trente-six kilomètres, par Quesnoy. — Guyon dit que l'endémie s'étend à toute la zone des Zibans. — Au-delà de cette zone, vers le Sahara, Weber et d'autres auteurs l'ont signalée à Tuggurth; Manhoa et Arnould, à Laghouat, encore plus au sud; Hamel, à Ouargla, point extrême dans ce sens, de nos possessions africaines. — Des Saharis ont affirmé à E. Bertherand qu'elle existe aussi dans le désert.

Dans une autre direction, Cabasse l'a trouvée aux environs de Tlemcen et prétend qu'elle règne aussi au Maroc. — Le Dʳ Bédié a été atteint du clou à Philippeville. — Enfin, les cinq militaires qui nous ont fourni nos observations, avaient tenu garnison à Msila, au N.-O. de Biskra, au-delà du pays des Zibans.

Tous les points géographiques que nous venons de relever sont compris entre le 30e et le 40e degrés de latitude nord. Une remarque importante à faire et que nous n'avons trouvée dans aucun des écrits qui ont passé sous nos yeux, c'est que les localités asiatiques où règne une endémie que l'on a, à juste titre, rapprochée de celle de Biskra, Alep, Orfa, Mossoul, Téhéran, sont, comme la partie septentrionale de l'Afrique, situées entre le 30e et le 40e degrés de latitude nord. Le Caire, qui se trouve à la jonction des deux continents et où l'endémie a également été signalée, occupe précisément le 30e parallèle.

Cette zone, comprise entre le 30e et le 40e degrés de latitude nord, où se concentre, en Afrique et en Asie, une endémie analogue ou identique, est remarquable par la présence d'un genre botanique important : c'est la région des palmiers-dattiers (A. de Jussieu).

ÉTIOLOGIE.

Les Arabes attribuent à l'usage des dattes fraîches le développement de la frina. Cette opinion se trouve formulée dans la dénomination dont se servent les indigènes de certaines oasis, *mard el tamar* (maladie des dattes), qui correspond à la locution turque que nous avons déjà citée.

Un fait sur lequel tous les observateurs sont d'accord, c'est que la manifestation de l'endémie coïncide, chaque année, avec l'époque de la maturation des dattes. Elle commence en septembre, acquiert son maximum d'intensité en novembre et se termine, sauf quelques cas retardataires, en janvier.

Les médecins français ne paraissent pas avoir attaché une grande importance à cette opinion locale. Ils en ont émis un certain nombre d'autres, à notre avis, moins vraisemblables, relativement à la cause du clou de Biskra.

On a accusé la nature saumâtre de l'eau de l'Oued-el-Kantara, qui arrose le territoire des Zibans, et de celle qu'on boit à Biskra.

D'après Netter, l'un des représentants de cette opinion, les principes introduits dans l'économie par les eaux de Biskra, très chargées de sels, sont facilement éliminés en été, grâce à la chaleur. Ils ne peuvent plus l'être en automne et en hiver, saisons relativement froides ; il en résulte des dépôts qui se forment dans le derme des parties les plus exposées, au visage, aux mains, etc.

Masnou a fait à cette théorie les objections suivantes : On boit des eaux saumâtres dans beaucoup d'autres localités chaudes, où le clou est inconnu, et depuis 1860, on fait usage, à Biskra, d'eau de citernes bien filtrée, et cependant l'endémie y persiste. L'influence de l'eau ne peut donc pas être la cause unique de la maladie.

Sonrier l'attribue à l'atmosphère poudreuse des Zibans, qui irrite la peau et forme des concrétions dans le derme.

A. Bertherand lui répond que l'atmosphère des Zibans n'est ni plus poudreuse ni plus irritante que celle d'autres localités d'Afrique, Tenez, Médéah, Sétif, où le bouton ne règne pas.

A. Bertherand a aussi sa théorie étiologique : il considère le bouton de Biskra, les furoncles, la gale bédouine, etc., etc., comme le résultat des efforts de la nature pour éliminer les miasmes absorbés au voisinage des nappes d'eau saumâtre qui entouraient l'oasis de Biskra. A. Bertherand écrivait, en 1857, et annonçait alors que les travaux d'assainissement exécutés depuis dix ans, avaient déjà fait diminuer d'un quart le nombre des cas observés. — Les médecins qui ont continué cette étude n'ont pas confirmé, sur ce point, l'assertion de Bertherand et l'un d'eux, Masnou, ajoute que l'endémie est inconnue dans des localités qui se trouvent, sous le rapport de la stagnation des eaux et de la chaleur, dans les mêmes conditions que Biskra.

Alix donne une explication toute simple de l'affection qui, pour lui, n'a rien de spécifique : les influences débilitantes générales, la transpiration exagérée suffisent pour expliquer les modifications qui se font sur la peau.

Le dernier ouvrage publié sur la question, nous ramène au point de départ de notre résumé étiologique. Le Dr Weber signale la découverte faite en 1875, par M. Vandyke Carter, de Bombay, d'un dermophyte spécial que ce savant a trouvé sur des pièces anatomiques que M. Weber lui avait envoyées. « Il est presque sûr, dit Weber, que c'est là la cause véritable du clou de Biskra. » Quant à l'origine du parasite, Weber présente deux hypothèses : ou bien il naît sur les plantes indigènes, les dattes par exemple, ou bien il se développe sur le sol. C'est aux recherches ultérieures à décider laquelle de ces hypothèses doit être admise comme expression de la réalité.

Le point principal de la question étiologique semble donc avancer vers sa solution, grâce aux travaux de MM. Vandyke Carter et Weber. Mais il en reste d'autres à examiner qui présentent aussi de l'intérêt.

Le clou de Biskra est-il contagieux ? — Hamel se prononce pour la négative ; Didelot, qui professe la même opinion, a cependant vu deux fois, à Laghouat, la mère et son nourrisson atteints simultanément. Weber cite un fait qui tend à faire admettre la possibilité de la transmission par contact. Parmi ceux que nous publions plus loin, il en est un qui semble avoir la même signification. — En somme, les éléments manquent encore pour résoudre cette question.

Le clou est-il inoculable ? — Hamel disait en 1860 : « Il n'a encore été, que je sache, l'objet d'aucune tentative d'inoculation. »

Nous avons fait deux inoculations chez un de nos malades ; toutes deux ont été négatives.

Weber en a fait plusieurs ; les unes avec le liquide séro-purulent pris sur les ulcères (c'était aussi la matière que nous avions employée) ; toutes celles-ci ont été sans résultat.

Deux autres ont été faites par Weber, avec la poussière de croûtes diluée dans de l'eau. Ces deux inoculations ont produit des clous à l'endroit piqué, trois jours après la piqûre.

Ces expériences, bien que peu nombreuses, empruntent une certaine valeur de la qualité des personnes qui en ont été les sujets. L'une était un docteur en médecine, aide-major au bataillon dont M. Weber était le médecin-major. Ce jeune homme, âgé de 27 ans, était à Biskra depuis six mois et n'avait pas encore eu de clous bien caractérisés. L'inoculation fut faite le 12 avril 1875, à une époque où il n'apparaît plus de clous nouveaux. Le clou développé à l'endroit de la piqûre, fut suivi d'une éruption secondaire de huit autres clous.

Le second sujet était un employé du télégraphe qui avait déjà été atteint par l'endémie. Une inoculation fut faite sur une ancienne cicatrice, une autre sur une partie de la peau saine. Toutes deux réussirent. De ces deux expériences, M. Weber croit pouvoir conclure :

1° Que le clou de Biskra est inoculable ;

2° Que le principe actif réside dans la croûte.

Le bouton atteint les indigènes comme les étrangers. Ni l'âge ni le sexe ne créent de véritables immunités. Les statistiques donnent, il est vrai, des différences considérables suivant les catégories de sujets. Mais ces différences tiennent surtout au milieu spécial dans lequel les médecins militaires ont pu faire leurs observations.

Parmi les circonstances prédisposantes, on a signalé le tempérament lymphatique (Hamel), le jeune âge, la faiblesse originaire ou acquise (Castaing), le mauvais état des voies digestives, la malpropreté (Didelot).

La race blanche paraît y être plus sujette que la race noire : sur une population nègre de quatre cents personnes, Castaing n'a trouvé, en 1861, que deux sujets atteints, un jeune homme de seize ans et un enfant de trois ans.

Dans quelle proportion les habitants de Biskra sont-ils atteints par l'endémie ?

Le relevé des statistiques qui se trouvent dans le mémoire de Hamel donne, sur 2,275 hommes qui ont tenu garnison à Biskra, pendant les années 1844, 1845, 1847, 1851, 232 entrées à l'hôpital pour des clous, soit 10 p. 100 de l'effectif.

Il ne faudrait pas conclure de ce résultat que les 9/10 des résidents échappent à l'endémie. En effet, la durée du séjour augmente les chances d'invasion et la maladie peut se manifester après qu'on a quitté le pays. C'est ce qu'ont souvent vérifié les médecins des hôpitaux militaires de Bathna, de Sétif, de Constantine (Hamel). C'est ce que prouvent, dans des limites jusqu'alors ignorées, les cinq observations qui servent de base à ce travail.

Les indigènes prétendent que le bouton de Biskra ne récidive pas. Les observations des médecins français ont démontré que cette opinion, dans ce qu'elle a d'absolu, est erronée : Masnou relate deux cas de récidive ; trois autres ont été notés à l'hôpital de Biskra, en 1847-48. Le docteur Bédié en a lui-même subi deux atteintes, la seconde, alors qu'il était déjà depuis deux mois à Philippeville (Guyon).

Au dire de Castaing, il est des personnes qui en sont atteintes tous les ans.

La thèse de Bédié, en 1849, avait signalé l'antagonisme qu'il avait cru reconnaître entre le clou de Biskra et la variole. — Cet antagonisme n'existe pas : Didelot a suivi en même temps, à Laghouat, le développement de l'endémie zibanienne et celui d'une épidémie de variole.

Les animaux sont-ils susceptibles de contracter le clou de Biskra ?

E.-L. Bertherand croit en avoir constaté l'existence chez le cheval. Hamel, qui relate sommairement ce fait, le trouve contestable.

On ne l'observe pas chez le chien. La chair de ces animaux passe même, chez les indigènes, pour être l'antidote de la maladie; et à Tuggurth, on en élève pour les manger.

SYMPTOMATOLOGIE.

La plupart des observateurs qui ont écrit sur le clou de Biskra se sont attachés à suivre l'évolution de la maladie et à retracer la physionomie de l'éruption. La description du Dr Castaing, qui a habité deux fois le pays des Zibans, nous paraît être à la fois la plus exacte et la plus pittoresque. C'est à cet auteur que nous empruntons les principaux traits de notre tableau symptomatologique.

L'éruption débute sans prodromes ; mais elle est précédée par une période latente ou d'incubation, qui oscille dans des limites très étendues : les termes extrêmes seraient de deux mois à huit ans, d'après Masnou, qui, il est vrai, n'a fait entrer en ligne de compte que des cas relatifs à des étrangers.

Après les fortes chaleurs de juillet et d'août, apparaît sur un point du corps une petite papule, large comme une piqûre de puce, de teinte rosée, un peu prurigineuse. D'un pertuis encore imperceptible du sommet, on peut faire sortir, par la pression, un liquide limpide et plastique. Quatre ou cinq jours après, d'autres papules se montrent autour de la première. Il se fait ainsi successivement, trois ou quatre éruptions de papules présentant les mêmes caractères que la papule initiale, qui occupe le centre du groupe.

Il résulte de cette agglomération de papules, une saillie mamelonnée, assez régulièrement circulaire ou elliptique, de un à cinq centimètres de diamètre, mobile et qui paraît avoir son siége dans le derme.

Le bouton ou clou est alors constitué. Rose d'abord, il devient plus tard d'un brun violet, plus foncé au centre. La démangeaison, qui existait au début, cesse bientôt ; le bouton devient indolent, et si la douleur s'y développe, ce n'est que plus tard, quand l'ulcération l'a envahi et s'est étendue.

Le liquide sécrété par les papules forme, en se desséchant, des squames petites, cassantes, incolores, adhérentes à la surface du bouton. Ces squames sont caduques, et, après leur chute, le derme apparaît rouge, luisant, humide, mais non ulcéré. Les squames se reforment, tombent de nouveau, se reproduisent encore et ainsi de suite, pendant trois, quatre, cinq ou six mois.

Telle est la forme désignée par les auteurs sous le nom de forme *sèche, bénigne, croûteuse*. Elle peut n'être qu'une forme transitoire, l'état initial du clou qui revêtira ultérieurement une des autres formes que nous avons à faire connaître.

Il se peut aussi que le clou reste définitivement avec cette forme, pendant tout le temps de sa durée.

La matière concrescible, que nous avons tout à l'heure représentée comme un liquide incolore, peut, après quelques jours d'existence du bouton, devenir blanche, lactescente, puriforme, et contracter une odeur fétide. Elle donne naissance, en se concrétant, à des croûtes épaisses, fendillées, rugueuses, stratifiées, grisâtres ou verdâtres que l'on a justement comparées à des écailles d'huitres : c'est la forme *ostracée* des auteurs. Au-dessous de ces croûtes épaisses, le derme peut n'être pas ulcéré, mais cela est rare. Le plus souvent la forme ostracée ne fait que masquer temporairement la forme ulcéreuse, avec laquelle elle se combine alors, mais qui peut aussi exister isolément.

La forme ulcéreuse, que les auteurs appellent encore *humide, grave,* succède à la forme croûteuse. Voici comment s'établit la transition : les petits orifices, d'abord imperceptibles, par lesquels passe l'humeur concrescible qui forme les squames, s'agrandissent et se distinguent alors par un point grisâtre au sommet de chaque mamelon. Dès qu'un stylet peut être introduit par ces pertuis, il permet de reconnaître que la cavité dans laquelle il a pénétré est ampullaire. Le travail ulcératif agissant sur le centre de ces ampoules, en augmente incessamment la capacité, détruit les tissus qui les séparent les uns des autres et les fait communiquer ; de sorte que le stylet, introduit par une ouverture, va sortir plus loin, sous une bride cutanée.

Le travail ulcératif s'exerce aussi sur les orifices ; il les érode, les agrandit, détruit les ponts cutanés, les saillies qui en sont les vestiges et tend à convertir les ulcérations multiples qui ont d'abord couvert la surface d'un bouton, en un seul et vaste ulcère. Celui-ci présente un fond blafard, grisâtre, indolent, sécrétant une matière puriforme, parfois d'une fétidité extrême, qui, selon son degré de concrescibilité, forme ou non des croûtes. Les bords de l'ulcère sont élevés, calleux, décollés ; les tissus environnants, épaissis par des infiltrations plastiques, forment autour de l'ulcère un cercle d'un rouge violacé dont la teinte va, en se dégradant, se confondre avec celle de la peau saine.

Comme on vient de le voir, quelle que soit la forme sous laquelle on l'observe, le clou de Biskra est généralement le résultat de l'agglomération, sur un espace restreint, d'un certain nombre de papules qui, le plus souvent, s'ulcèrent. Cette considération justifie la dénomination d'ulcère congloméré que voudrait lui imposer Castaing.

Cette constitution n'est cependant pas, d'une manière absolue, commune à tous les clous. On en voit qui, restés à l'état rudimentaire, se réduisent à une seule papule. Cette papule solitaire subit les mêmes phases que celles des ulcères conglomérés ; mais la cicatrisation en est beaucoup plus rapide. D'autres, au lieu de présenter l'aspect déchiqueté des ulcères humides, se montrent sous la forme d'une exubérance framboisée, formée par des végétations qui surgissent du fond de l'ulcère et en couvrent les bords.

Ces différentes formes de clou et ses variétés naissent et évoluent sans donner lieu à aucune réaction générale, à moins de complications.

La marche en est toujours chronique et la durée assez variable : Masnou, Castaing la fixent à quatre mois en moyenne, pour la forme sèche. Dans la forme humide, la durée est beaucoup plus considérable : elle est de six à dix mois, d'après Bédié ; de douze à quinze mois, d'après Weiss ; Guyon cite un cas où l'ulcère a persisté pendant dix-huit mois.

De l'avis de tous les observateurs, l'émigration en abrège la durée.

Le mode de terminaison de la maladie est subordonné à la forme qu'elle a affectée:

Dans la forme sèche, deux ou trois mois après le début du bouton, les écailles qui le recouvrent deviennent de plus en plus rares, puis finissent par ne plus se reproduire. Une pellicule oblitère les cratères des mamelons, les mamelons eux-mêmes s'affaissent; le bouton n'existe plus, et, à sa place, reste une surface plane ou déprimée, gauffrée, d'un rouge brun-violet. Cette teinte, que la pression du doigt efface momentanément, persiste pendant longtemps et finit par disparaître. La cicatrice est alors blanche, parsemée de plaques nacrées. Quelquefois le pigment s'y accumule, et alors, à la coloration temporaire rouge brun-violet du bouton, succède une cicatrice brune, indélébile.

Dans la forme humide, deux ou trois mois après le début de l'ulcération, les bords de l'ulcère s'abaissent, le fond s'élève, les téguments frangés, décollés, contractent des adhérences et se rapprochent du centre; toute suppuration cesse. La cicatrice se forme et se raffermit, mais elle reste longtemps livide, d'un brun-violacé. Plus tard, cette coloration disparaît. La cicatrice prend un ton blanc mat et l'aspect d'une cicatrice de brûlure au troisième degré.

Tous ces détails, que l'esprit parvient avec peine à saisir dans une description, la vue les embrasse aisément dans les figures qui les représentent. C'est ce qu'a compris le docteur Alix, qui a ajouté à son mémoire des dessins coloriés représentant, d'après nature, diverses formes et différents états de développement du clou de Biskra. — Nous avons suivi cet exemple et nous avons présenté à la Société de médecine de Limoges, dans la séance d'avril 1876, des dessins représentant les principaux types que nous avions observés.

Complications. — Il n'est pas rare de voir, à une certaine distance d'un bouton arrivé à un degré avancé de son développement, une éruption secondaire de petites pustules discrètes, superficielles, qui s'éteignent et sèchent après quelques jours d'existence. C'est une sorte de suppuration supplémentaire qui mérite à peine le nom de complication.

Il en existe de plus importantes. L'une des plus communes, c'est l'angeioleucyte et l'adénite consécutives. Nous en avons observé des exemples parmi nos malades.

L'érysipèle et l'érysipèle phlegmoneux surviennent aussi quelquefois au même titre (Alix). Ce sont ces complications qui donnent à l'affection presque toute sa gravité.

Nombre. — Le clou de Biskra est rarement unique. On en observe le plus habituellement cinq ou six chez le même sujet (Castaing).

Sonrier en a compté jusqu'à vingt-deux.

Dimensions. — Les dimensions varient de un à sept centimètres de diamètre.

Siége. — Il siége le plus souvent aux membres ; il affecte à peu près indifféremment les membres supérieurs et les membres inférieurs ; il se montre surtout autour des articulations et sur la face qui correspond à l'extension (Castaing).

La région du corps la plus fréquemment occupée, après les membres, c'est la face.

On l'observe plus rarement sur le tronc.

Exceptionnellement, il a été signalé sur le pénis (Poggioli) ; — à la racine des bourses (Castaing) ; — sur le sinciput — à la langue (Beylot) ; — sur les seins — au périnée (E. Bertherand) ; — sur le cou — la paroi abdominale — la crête iliaque (Castaing).

ANATOMIE PATHOLOGIQUE.

Ce que nous savons de la constitution histologique du clou de Biskra, est de date toute récente. Nous le devons aux travaux de Kelsch et de Vandyke Carter, résumés dans le mémoire de Weber.

Voici le résultat des examens microscopiques faits par le docteur Kelsch, médecin-major à l'hôpital de Philippeville, sur des pièces anatomiques que lui avait envoyées le docteur Weber et qui avaient été recueillies sur des hommes morts d'affections accidentelles, à l'hôpital de Biskra :

« En partant des parties saines et en se dirigeant vers celles qui sont malades, on voit peu à peu le corps muqueux de l'épiderme s'épaissir par l'augmentation de volume des cellules ; celles-ci gonflent notablement et leur noyau devient plus apparent ; un peu plus loin, toujours en se rapprochant du foyer d'altération, l'épaississement du corps muqueux ne résulte pas seulement de l'augmentation de volume des cellules ; celles-ci sont manifestement multipliées ; en même temps, on commence à voir au milieu de ce corps muqueux, ainsi modifié, des espaces clairs, arrondis ou ovoïdes, séparés par des cloisons de cellules épidermiques et remplis plus ou moins complètement de globules blancs et de quelques globules rouges libres ; les premiers sont manifestement le résultat de la prolifération des cellules épidermiques ; enfin, tout à fait au bord et au milieu du foyer d'altération, ces vacuoles creusées dans le corps muqueux épaissi s'agrandissent démesurément, restent distinctes ou se réunissent en cavités irrégulières, où se retrouvent les vestiges des cloisons de séparation formées par des cellules épidermiques aplaties, allongées. Elles sont remplies par un tissu, composé, en grande partie, de cellules analogues aux globules de pus, et sillonnées çà et là par des vaisseaux embryonnaires ; il y a toujours beaucoup de globules rouges libres mélangées aux globules blancs ; la couche cornée de l'épiderme n'est guère modifiée ; le derme, au contraire, sur une étendue correspondante à celle du corps muqueux modifié comme il vient d'être dit, est infiltré de globules purulents, plus ou moins confluents, d'autant plus confluents qu'on se rapproche du foyer de la lésion. Les parois des vaisseaux sont infiltrées par les mêmes cellules et les acini des glandes sudoripares sont séparés, disséqués par elles ; ces nappes purulentes, infiltrées dans le derme, se continuent avec les amas de cellules qui remplissent les vacuoles du corps muqueux, presque toutes ouvertes du côté du derme. »

(*Recueil des Mémoires*, t. XXXII, p. 51.)

Le docteur Vandyke Carter a observé les mêmes lésions sur des pièces anatomiques expédiées de Biskra par le docteur Weber : « Hyperplasie du corps muqueux de l'épiderme, amas dans ce corps muqueux de globules blancs avec quelques globules rouges libres, formation de vaisseaux embryonnaires, infiltration de globules autour des vaisseaux et des glandes sudoripares. » (*Ibidem.*)

« En somme, ajoute M. Weber, l'altération produite par l'affection dont je m'occupe consiste en une dermite diffuse, épaississement du corps muqueux par multiplication de ses cellules, formation au milieu de ce dernier de loges d'autant plus vastes, qu'on se rapproche du foyer d'altération, loges qui se remplissent de jeunes cellules analogues à celles du pus et qui proviennent de la prolifération des éléments du corps muqueux. »

(*Loco citato.*)

Un fait important résulte des recherches du docteur Vandyke Carter : par une lettre du 13 août 1875, cet observateur annonce avoir trouvé dans des pièces anatomiques provenant de clous à leur début, d'abord des particules de couleur orangée, formant des groupes compactes autour des glandes sudoripares, ensuite un véritable cryptogame, occupant les petits canaux lymphatiques de la peau. « Ce dermophyte se montre sous l'aspect de petits filaments entrelacés et fournissant des spores (*conidies*) à leurs extrémités libres ; ces filaments semblent naître au sein d'une masse de micrococcus agglomérés, et il est à présumer que les particules de couleur orangée dont il est parlé déjà sont le produit de la fructification de ce champignon. » (*Loco citato*).

NATURE.

La locution turque par laquelle la maladie était désignée au temps des Deys, l'expression arabe encore usitée de nos jours dans quelques oasis, impliquent une théorie populaire sur la nature du clou de Biskra : dans la croyance des indigènes, cette affection a pour cause l'usage alimentaire des dattes fraîches.

L'expérience a déposé, depuis longtemps, dit Hamel, contre cette théorie étiologique ; et, pour la remplacer, les diverses théories physiologiques, mécaniques, vitales, des médecins français Netter, Sonrier, A. Bertherand, Alix, se sont successivement produites, sans parvenir à prendre pied dans la science.

Weber considère le clou de Biskra comme une dermite diffuse spécifique, de nature parasitaire.

Cette opinion est aujourd'hui fortement motivée : la localisation de la maladie dans des régions appartenant à une même latitude et spécialisées par la présence d'un genre végétal à *habitat* fixe, qui leur est commun ; le retour périodique de l'endémie à une époque déterminée de l'année, l'incubation qui précède l'apparition des phénomènes objectifs, le développement centrifuge des papules constitutives d'un même groupe, l'inoculabilité du bouton, la découverte d'un microphyte qui lui est propre ; toutes ces considérations concordantes font naître dans l'esprit et corroborent l'idée d'une affection parasitaire.

Avant la découverte de Carter, Wirchow, au dire de Weber, avait déjà émis l'idée de la nature parasitaire du bouton d'Alep et du bouton de Delhi, que certains auteurs confondent aujourd'hui avec le clou de Biskra, qui, pour d'autres, doivent seulement en être rapprochés. — Mais c'est là un point qui demande une discussion particulière, et c'est dans le chapitre suivant que nous aurons à nous en occuper.

DIAGNOSTIC.

Une seule affection, positivement différente, peut être, avec une certaine vraisemblance, comparée au clou de Biskra, c'est l'Anthrax.

Si l'on considère comparativement l'Anthrax et le clou de Biskra, les ressemblances sont nombreuses : l'une et l'autre affection se présente sous l'aspect d'une tumeur assez régulièrement convexe, largement sessile, à base circulaire ou elliptique, de quatre à sept centimètres de diamètre, en moyenne. Cette tumeur, d'un rouge-violacé, molle et non fluctuante, est perforée d'un grand nombre de pertuis qui s'agrandissent par ulcération, détruisent la peau et donnent lieu à une perte de substance. Il en résulte une cicatrice indélébile.

Si l'on cherche les caractères différentiels, on arrive à reconnaître qu'ils l'emportent de beaucoup sur les ressemblances.

L'Anthrax est habituellement unique. C'est l'exception pour le clou de Biskra, qui tend, au contraire à se multiplier sur le même sujet.

L'Anthrax dure deux mois en moyenne. La durée du clou est au moins double.

L'Anthrax survient à titre sporadique ou épidémique, à peu près indifféremment dans toutes les saisons de l'année, et dans tous les pays du monde. Le clou de Biskra a une époque d'apparition fixe, la saison d'automne, et il règne presque exclusivement dans une région déterminée.

Indépendamment de l'ulcération qui agrandit les cratères de l'Anthrax, les téguments, dans cette affection, sont rapidement et largement atteints de sphacèle. La mortification frappe également le tissu circulaire sous-cutané.

On n'observe, dans le bouton de Biskra, ni sphacèle des téguments ni élimination de tourbillon. La desquammation incessante de la tumeur dans la forme sèche, la sécrétion persistante d'une humeur plastique dans la forme humide, la concrétion de cette humeur en croûte extrêmement épaisse, dans la forme ostracée, sont des traits spéciaux et caractéristiques du clou de Biskra.

L'Anthrax s'accompagne habituellement d'un état cachectique spécial des humeurs. Le diabète n'a pas été signalé dans le clou de Biskra.

On trouve dans cette affection un parasite végétal qui lui est propre.

On n'a découvert rien de pareil dans l'Anthrax.

L'Anthrax et le clou de Biskra sont donc, en réalité, deux affections différentes et faciles à distinguer l'une de l'autre.

Il n'y a pas lieu de discuter longuement la proposition du docteur Alix : « Le prétendu clou n'est qu'une pustule d'Ecthyma. »

On trouve quelquefois, il est vrai, autour ou à une certaine distance du vrai clou de Biskra, des ulcérations présentant l'aspect de celles qui succèdent à des pustules d'Ecthyma ; mais ce sont là des éruptions secondaires, tout au plus des clous avortés, qui diffèrent tellement des types décrits par les observateurs, qu'elles ne peuvent, logiquement, leur être comparées.

« Le clou de Biskra, dit le docteur Didelot, est une affection tuberculo-pustulente. » Cette qualification, qui ne se rapporte qu'à la constitution physique du clou, n'impliquant aucune idée de spécificité ou de non spécificité, ne peut servir de base à un diagnostic.

On a voulu rapprocher le clou de Biskra du Rupia, du Lupus syphilitique, du Lupus scrofuleux. L'état général des sujets, les commémoratifs, le milieu dans lequel se développe l'endémie, l'évolution des signes qui lui sont propres, suffiraient à dissiper toute confusion ; ajoutons que, pour le Rupia, le parallèle ne peut être établi qu'entre les formes ostracées et qu'il est toujours possible de remonter à l'élément originel, bulleux pour le Rupia, tuberculo-pustuleux pour l'affection qui nous occupe ; que pour le Lupus scrofuleux, la durée est illimitée et la marche indéfiniment envahissante, conditions opposées dans le clou de Biskra ; quant aux manifestations tertiaires de la syphilis sur le tégument externe, le meilleur mode de traitement est celui qui s'adresse à la diathèse sous l'influence de laquelle ces manifestations se produisent. Le traitement antisyphilitique, au contraire, est au moins inefficace contre le clou de Biskra.

Dans une note insérée dans le tome VIII du *Recueil des Mémoires de médecine et de chirurgie militaires,* le docteur Ricque considère comme identiques le clou de Biskra et le Pian, Franbœsia ou Yaw des nègres. — Ici encore le véritable critérium consiste dans le traitement mercuriel, efficace contre le Pian, espèce de syphilis spéciale aux races de couleur, nul ou aggravant quand on l'administre contre le clou de Biskra.

Quant à la propriété contagieuse et à l'inoculabilité du Pian, nous n'en ferons pas des caractères différentiels, puisqu'il n'est pas démontré que le clou de Biskra ne soit pas, dans une certaine mesure, contagieux et inoculable.

Une autre assimilation a été tentée par le professeur Hirsch. Elle concerne une affection de la peau qui règne dans la Mélanésie et la Polynésie et porte différents noms, suivant les localités. Elle s'appelle Pupa dans les îles Fidgi, Toua à Tongatabou (archipel des Amis), Bua à Taïti. « Nous croyons, dit M. Leroy de Méricourt, que sous ces dénominations indigènes, les observateurs ont rencontré le Pian ou bouton d'Amboine » (*Dictionnaire encyclopédique*).

Enfin le clou de Biskra a été comparé par un médecin de la marine, le docteur Bassignot, à l'ulcère de Cochinchine. Aucune raison sérieuse n'autorise ce rapprochement et nous nous abstiendrons de nous y arrêter. (*Essai sur l'ulcère de Cochinchine*, etc., etc. Thèse. P.-E. Guérin.— 1868).

Au diagnostic du clou de Biskra, se rapporte une discussion étroitement liée à notre sujet et qui doit trouver place dans ce travail. Il s'agit de déterminer l'identité ou la différence de nature de cette affection, comparée à celles que les observateurs désignent sous les noms de bouton d'Alep — bouton de Delhy, de Guzerat, de Bombay, — bouton du Nil, etc., etc.

Plusieurs questions se rangent sous ce titre complexe. La première semble toucher à sa solution ; — les autres sont encore controversées. — Nous allons les présenter dans l'ordre que nous venons de leur assigner.

La notion du bouton d'Alep a, de longtemps, précédé dans la science, celle du clou de Biskra.

Dès la fin du xviii° siècle, plusieurs médecins, naturalistes, voyageurs, s'en sont occupés : HOLLAND, dans *le Journal de Roux-Destillets* (1782).; VOLNEY, dans son *Voyage en Egypte et Syrie* (1787); RUSSEL, dans *l'Histoire naturelle d'Alep et des pays voisins* (1794); Bo, dans les *Mémoires de la Société de médecine.*

A partir du commencement de ce siècle, des travaux nombreux ont été publiés sur ce sujet. — Citons parmi nos compatriotes : Alibert, Estienne, Guilhou, Requin, Villemin, Hamel, Boudin, Tholozan, Cuny, Leroy de Méricourt, Barrallier, et parmi les auteurs étrangers, Guys, Salomonsen, Rafalowisch, Grœschl, Rigler, Polak.

Depuis que des études comparatives ont été entreprises sur le bouton d'Alep et le clou de Biskra, l'opinion qui se dégage de ces travaux et qui aujourd'hui est devenue dominante, c'est que les deux endémies constituent des variétés d'une même espèce morbide dont les différences sont dues à des influences locales.

En 1854, Villemin signalait seulement des analogies entre elles. Mais Villemin n'avait pas vu le clou de Biskra. Il ne le connaissait que par la thèse de Poggioli, déjà insuffisante à l'époque où il écrivait, et il n'avait passé qu'un mois à Alep.

En 1860, Hamel qui a observé *de visu* les deux affections, se prononce pour l'identité. — Telle est aussi la manière de voir des docteurs Castaing et Ricque (1862).

M. Leroy de Méricourt, qui a écrit (en 1869) l'article *Bouton d'Alep*, dans *le Dictionnaire encyclopédique des sciences médicales,* donne le nom du clou de Biskra comme synonyme de celui qu'il a adopté pour titre de son travail.

Sur ce point, l'opinion des savants paraît donc fixée. Résumons, dans un parallèle entre les deux affections, les considérations sur lesquelles elle repose :

La symptomatologie du bouton d'Alep se trouve tout entière dans celle du clou de Biskra, mais la concordance n'existe qu'avec la forme dite croûteuse de cette dernière affection.

Dans l'une et l'autre endémie, le produit de l'éruption peut être unique (bouton mâle d'Alep) ou multiple (bouton femelle).

Dans l'une et l'autre, les points du corps le plus habituellement affectés sont les membres et le visage.

La durée du bouton est d'un an à Alep (*hhabb el sench* — bouton d'un an); elle est de quatre mois, en moyenne, à Biskra. Mais cette différence peut tenir en partie à la médication — nulle en Asie — active au contraire en Afrique, de la part de nos médecins militaires.

Le bouton d'Alep attaque tous les indigènes, et cela dans le cours des dix premières années. — Existe-t-il quelque immunité en Afrique, dans la population zibanienne? — Les renseignements manquent pour résoudre cette question.

En Syrie, comme chez les Zibans, les étrangers ne sont pas tous atteints. Mais un étranger qui a quitté le pays n'est pas pour cela soustrait à l'influence de la cause endémique. Villemin, Guilhou ont cité des exemples de personnes qui ont été atteintes du bouton d'Alep trois ans, huit ans, trente-cinq ans après leur départ de Syrie.

Les observations que nous publions plus loin prouvent que ces longues incubations appartiennent aussi à l'endémie des Zibans.

C'est un argument de plus en faveur de l'identité des deux affections.

Les caractères des cicatrices ne présentent pas de différences sensibles.

Le clou de Biskra est susceptible de récidive. — En est-il de même du bouton d'Alep? — Il y a, sur ce point, dans les renseignements fournis par les auteurs, des contradictions évidentes. « Le bouton proprement dit ne récidive jamais, dit Hamel, mais le même individu peut présenter une seconde manifestation de la maladie. » Suivant Villemin, « le bouton contracté à Orfa ne préserve pas de celui de Mossoul ou d'Alep, et réciproquement, bien que l'affection paraisse identique dans ces différentes villes ».

Il résulte de ces citations que la récidivité du bouton d'Alep est aussi bien constatée que celle du clou de Biskra.

Le bouton d'Alep n'a pas de saison propre. — Celui de Biskra se manifeste surtout en automne.

Le tempérament lymphatique a été signalé comme favorable au développement de l'une et de l'autre endémie.

Le bouton d'Alep n'est pas contagieux. — Quoiqu'ait pu dire sur ce point le docteur Weber, la contagiosité du clou de Biskra est encore aujourd'hui fort problématique.

Sous le rapport de la transmissibilité aux animaux, il y a une différence à signaler entre les deux endémies.

En Afrique, le chien paraît être réfractaire au clou de Biskra; en Asie, cet animal est sujet au bouton d'Alep et le mal peut se transmettre, par inoculation, sous une forme atténuée.

A Alep on a accusé l'eau du Coïq, comme chez les Zibans, celle de l'Oued-el-Kantara.

Ces accusations ne sont pas plus solidement établies d'un côté que de l'autre.

Une remarque, sur laquelle nous croyons devoir revenir en terminant, c'est qu'en Syrie comme en Afrique, les langues indigènes, turque et arabe, désignent les deux endémies qui nous occupent, par des locutions qui expriment la même opinion populaire, Dous-el-kourmati, bess-el-temeur, mal des dattes.

Concluons de ce parallèle, comme nous l'avons annoncé en commençant, que le bouton d'Alep et le clou de Biskra sont, au fond, une seule et même affection, et que les différences qu'ils présentent, doivent être considérées comme des caractères de variétés, dépendant de l'influence du milieu dans lequel l'endémie se développe.

Nous ne saurions être aussi affirmatif au sujet des endémies, prétendues similaires de l'Inde, question connexe à la précédente, mais dont l'étude, encore trop peu avancée, ne nous semble pas autoriser une solution définitive.

Depuis quelques années, des médecins anglais qui pratiquent dans l'Inde, Balfour, Pruner, etc., ont décrit, sous les noms de bouton de Guzerat, du Sindh, de Delhi, de Bombay, des affections endémiques qu'ils ont observées dans ces différentes contrées.

« Le savant professeur Hirsch, dit M. Leroy de Méricourt, après avoir lu tout ce qui a été écrit sur ce sujet, n'a pas hésité à comprendre, dans une même description, les traits caractéristiques de la maladie endémique en Algérie, en Syrie, en Perse et dans l'Inde. » — M. Leroy de Méricourt est arrivé, de son côté, à la même opinion.

Quel que soit le respect que nous inspirent les autorités que nous venons de citer, nous ne pouvons imiter leur exemple.

L'état du sujet commande plus de réserve.

L'expérience a appris que, pour résoudre ces questions délicates d'identité ou d'analogie nosologiques, des descriptions écrites ne suffisent pas. Ce qui est incontestable, c'est qu'il y a plus de sûreté à s'en rapporter aux témoignages des observateurs judicieux qui, comme le docteur Hamel, ont étudié sur place les maladies qu'il s'agit de comparer. Ces témoignages ne peuvent tarder à se produire sur le sujet qui nous occupe.

Déjà nous savons que le docteur Vandyke Carter, de Bombay, est allé à Biskra, en octobre 1874, étudier l'endémie des Zibans. Attendons le résultat de ces comparaisons pratiques, avant de risquer une conclusion que les documents ultérieurs pourraient contredire.

Si le doute est permis quant à l'identité de nature des endémies de l'Inde et de celles d'Alep et de Biskra, il n'en est plus de même pour ce qui concerne le bouton du Nil : celle-ci est manifestement différente des précédentes.

Nous possédons peu de renseignements scientifiques sur le bouton du Nil. Il y a quatorze ans, l'attention fut un instant attirée sur ce sujet, par un événement qui impressionna douloureusement le monde médical : c'était la mort du docteur E. Godard, de ce jeune enthousiaste qui poussa jusqu'à l'héroïsme, le dévouement à la science. Dans ses laborieuses pérégrinations en Orient, Godard fut atteint du bouton d'Alep et du bouton du Nil et ne confondit pas les deux affections.

Du peu que nous savons sur la dernière, il ressort que la maladie appelée Stamoun-el-Nil, par les Arabes, *Bouton du Nil*, par les Européens, est une affection primitivement vésiculeuse, eczéma ou herpès, accompagnée d'un prurit insupportable (H. Rey) et qui, tantôt se termine, en quelques jours, par des croûtes auxquelles succède une cicatricule violacée, tantôt persiste, sous formes d'ulcères phagédéniques, déterminant des douleurs *atroces*. C'est cette dernière forme que Godard a observée sur lui-même et qu'il a décrite pendant son séjour au Caire, en novembre 1861. (Dr Duchaussoy, *Notice sur E. Godard*.)

Il y a loin de ces caractères séméiologiques à ceux du bouton d'Alep et du clou de Biskra.

PRONOSTIC.

Le clou de Biskra est une affection bénigne par elle-même. La douleur qu'elle cause peut être presque nulle ; elle est habituellement peu intense et parfois hors de toute proportion avec le volume considérable et l'aspect menaçant des tumeurs. Suivant le siége qu'ils occupent, les clous peuvent gêner les mouvements, rendre difficile l'accomplissement de certaines fonctions, l'exercice de la marche, produire une incapacité relative et momentanée de travail, défigurer les sujets qui en sont atteints ; mais ce n'est qu'exceptionnellement qu'ils compromettent l'existence.

Quand cela arrive, c'est toujours à la suite des complications que nous avons signalées : lymphangite, adénite, érysipèle simple, phlegmoneux, gangréneux, — auxquelles il convient d'ajouter la phlébite.

Alix a rapporté un de ces cas graves, en 1870. Weber en a vu deux, en

1870, dont l'un suivi de mort. Dans ce dernier cas, outre les complications habituelles, des symptômes de péritonite furent constatés.

TRAITEMENT.

Contre une affection peu douloureuse et presque toujours exempte de danger, les secours de l'art médical devaient être bien négligés par les populations du Zab, habituées à supporter tant d'autres misères.

C'est à peine, en effet, si l'on peu considérer comme une velléité de traitement, le singulier moyen prophylactique et thérapeutique usité à Tuggurth et que nous avons fait connaître ; — les lotions à l'eau de savon et l'application, sur les parties malades, d'un bandage protecteur, seules précautions que prennent les indigènes de Biskra, en attendant la guérison spontanée.

En réalité, la médication est nulle parmi les gens du pays, aussi bien chez les Zibans qu'en Syrie, où il est de règle de ne rien faire.

La thérapeutique active a commencé en Afrique avec l'occupation française, et, depuis cette époque, elle a réflété les idées que les différents praticiens se sont faites de la nature du mal qu'ils avaient à combattre. Ceux qui, comme les docteurs Alix et Didelot, ne croyaient pas à la spécificité, prescrivaient, contre le clou de Biskra, les moyens recommandés contre les tumeurs inflammatoires simples et les ulcérations communes : bains, topiques émollients au début ; résolutifs et excitants ensuite ; badigeonnages à la teinture d'iode sur l'induration périphérique et sur le fond de l'ulcère, quand le bourgeonnement n'était pas assez actif ; enfin, dans quelques cas rares, usage discret du nitrate d'argent, pour réprimer les bourgeons charnus exubérants.

Pour ces praticiens, la principale indication était de combattre la débilitation de l'organisme, sous l'influence de laquelle le mal s'était produit, ce qui les conduisait à insister sur le traitement analeptique, les amers, les toniques, le repos. La seconde indication était de soustraire le mal local à toute cause d'irritation : malpropreté, frottements, à la préserver contre l'entraînement du malade à se gratter. — Quelques lotions et des pansements simples y suffisaient.

Conformément à ses idées sur l'obstruction de l'appareil diapnogène par les matières salines des eaux du Zab, Netter faisait consister son traitement en des précautions contre le froid, surtout sur les mains et le visage, quand la température venait à baisser ; dans l'usage des bains de vapeur et des diurétiques non salins.

Pour favoriser l'élimination des miasmes auxquels il attribue le développement de la maladie, A. Bertherand recommande la mise en œuvre de moyens énergiquement évacuants.

Guidé sans doute par le souvenir des effets, généralement heureux, de l'appareil de Baynton contre les ulcères rebelles, Masnou a employé les bandelettes de sparadrap diachylon imbriquées. — Nous avons constaté, sur deux de nos malades, l'efficacité de ce petit appareil. — Il faut rapprocher de ces résultats, l'utilité, signalée par Russel, de l'emplâtre de Nuremberg, contre le bouton d'Alep.

La destruction du tissu morbide, recommandée par les uns, blâmée par les autres, constitue un mode de traitement auquel se rattachent plusieurs modifications.

Sonrier pratique l'excision des parties malades. D'autres préfèrent la cautérisation ignée. « Quelques cas de clous naissants, dit Weber, ont été enrayés par une forte cautérisation. »

La cautérisation au fer rouge paraît réduire à huit ou dix mois, la durée du bouton d'Alep. (Hamel.)

Castaing, qui emploie aussi le cautère actuel, préfère ordinairement, dans le but de modifier la vitalité des parties, une solution concentrée de nitrate d'argent, qu'il fait pénétrer dans les anfractuosités de l'ulcère. Il répète cette opération deux ou trois fois et obtient, dit-il, la guérison *au bout de quinze à vingt jours*.

Il complète son traitement par l'usage des eaux thermales d'Hammam-Salaïn, qui se trouvent à sept kilomètres de Biskra.

Le traitement cathérétique du docteur Castaing se rapproche de celui qu'emploie, avec succès, dit M. Leroy de Méricourt, le docteur Asher (de Bagdad), contre le bouton d'Orient. Ce traitement consiste à introduire un crayon de nitrate d'argent taillé en pointe, à travers les pertuis dont le bouton est perforé et à renouveler quatre ou cinq fois cette cautérisation.

En principe, l'exérèse des tissus morbides est rationnelle, puisqu'elle répond à l'idée, fondée sur les découvertes récentes de la science, de la nature parasitaire du clou de Biskra. Mais dans la généralité des cas, la rigueur du moyen excède de beaucoup la gravité du mal et il y a lieu de s'en abstenir.

Restent les parasiticides non destructeurs des tissus. Presque tous ont été essayés. Il existait une double présomption en faveur des mercuriaux. L'emplâtre mercuriel avait été employé autrefois, avec succès, par Russel, contre le bouton d'Alep. — Les mercuriaux, administrés de diverses manières, contre le bouton de Biskra, par Massip, Bédié, Weber, n'ont pas réussi.

Il en est de même du soufre (Hamel). — Le chlorate de potasse a donné de meilleurs résultats.

Nous avons employé l'huile de cade et l'acide phénique en solution. — L'huile de cade a excité une inflammation érysipélateuse, devant laquelle il a fallu s'arrêter. — Les pansements à l'eau phéniquée ne nous ont donné que des résultats incertains, et les cas dans lesquels nous y avons eu recours ont été trop peu nombreux, pour que nous nous trouvions autorisé à nous prononcer sur le degré d'efficacité qu'ils peuvent avoir.

OBSERVATIONS.

Pour éviter les répétitions, nous ferons précéder les cinq observations que nous avons à présenter, de quelques considérations qui leur sont communes.

Les hommes qui ont fait le sujet de ces observations, sont des soldats du 138e régiment d'infanterie de ligne, qui, ayant subi les même influences, avaient dû contracter, en même temps, le principe de leur mal.

Tous cinq avaient fait partie d'un détachement du 63e de ligne, qui, plusieurs mois auparavant, avait tenu garnison à Msila. Ce poste se trouve à 130 kilomètres de Biskra et ne fait pas partie du territoire des Zibans.

Aucun de ces cinq hommes n'était allé à Biskra. — La durée de leur séjour à Msila avait été de six mois (du 2 avril au 9 octobre 1873); Deux d'entre eux y avaient été malades, l'un d'une dysenterie, l'autre de fièvre intermittente, mais pas un n'avait eu des clous en Afrique.

Le détachement rentra en France le 23 octobre 1873. Appelé à concourir à la formation du 138e, qui se trouvait alors en garnison à Limoges, il arriva quelques jours après dans cette ville. C'est dans les mois de novembre et décembre suivants, c'est-à-dire de un à deux mois après le départ de Msila, qu'apparurent les premiers clous.

PREMIÈRE OBSERVATION.

Grand (Michel), salle Saint-Maurice, n° 3. — Entré à l'hôpital de Limoges le 6 janvier 1874. — Ce cas, le premier reçu dans le service, nous fut signalé par le docteur Maratray, médecin-major du 138e, qui avait appris, en Afrique, à connaître le clou de Biskra.

A son arrivée à Limoges, Grand était en parfait état de santé. — Le jour de son entrée à l'hôpital, nous constatâmes qu'il portait cinq boutons un à la cuisse droite, quatre au visage. — Quelques jours après, il s'en développa un sixième au menton.

Ces clous présentent tous, à quelque chose près, les mêmes caractères; nous décrirons seulement, avec les détails que nous jugeons nécessaires, celui qui siégeait à la partie antérieure de la cuisse droite, le plus considérable des six.

Sur la surface enflammée d'une éminence assez régulièrement convexe, d'un rouge-violacé, tendue, rénittente, très peu douloureuse, un peu plus chaude que les parties voisines, étaient disséminés des points jaunes, dûs à la présence de petits amas de matière purulente, retenus sous l'épiderme. Nous comptâmes vingt-deux de ces ponctuations agglomérées, sur ce bouton qui mesurait six centimètres de diamètre.

Peu après, l'épiderme qui recouvrait ces espèces de pustules plates se rompit, et la matière puriforme, épanchée autour de leurs orifices, se concréta sous forme de petites écailles croûteuses.

Ces orifices s'agrandirent par ulcération. Il en résulta, au centre du bouton, une perte de substance irrégulière, dont les bords, séparés du fond, formaient des ponts cutanés, des lanières, des franges, des lambeaux flottants. Autour de ce vaste cratère, l'ulcération avait creusé dans le derme, des sillons profonds qui y décrivaient des dessins variés.

Pendant les premiers jours, nous avions prescrit, pour tout traitement, des bains et des cataplasmes. Ces topiques empêchant le pus de se concréter, la surface du clou conservait son aspect ulcéreux et déchiqueté. Plus tard, sur le conseil d'un de nos collègues, M. le docteur P. Lemaistre, nous fîmes faire des badigeonnages à l'huile de cade. Alors l'ulcère se couvrit d'une croûte épaisse, circinnée, stratifiée, offrant l'aspect d'une coquille d'huître. Ces caractères de la forme ulcéreuse et ostracée, que le bouton de la cuisse présentait avec une sorte d'exagération, s'observaient aussi, mais à un moindre degré, sur les boutons de la tête. Ils étaient au nombre de cinq, quatre primitifs : un situé derrière l'oreille gauche, un sur l'angle gauche de la mâchoire inférieure, un à la queue du sourcil gauche, un à la tempe droite ; le cinquième, qui occupait le menton, se développa, nous l'avons dit, sous nos yeux, pendant le séjour du malade à l'hôpital. Sur le clou situé derrière l'oreille gauche, nous comptâmes neuf pustules encore apparentes. Elles étaient toutes excentriques et le milieu, ulcéré, à bords saillants, déchiquetés, était en partie couvert de croûtes. Cet aspect était à peu près celui des trois autres boutons primitifs du visage : surface saillante et convexe, de trois à cinq centimètres de diamètre, rouge et pustuleuse aux bords, ulcéreuse et crustacée au centre ; sécrétion peu abondante d'une sanie claire et très concrescible.

Le clou du menton débuta par une pustule isolée. Dix jours après ce début, la pustule était convertie en une ulcération d'un centimètre de diamètre, recouverte d'une épaisse croûte jaunâtre. Tout autour de cette croûte s'étendait une zone rouge, dont l'épiderme fendillé formait, par ses débris encore adhérents, des espèces de franges concentriques. — Sur cette zone rouge existait une pustule isolée, de nouvelle formation.

En plusieurs autres points du visage, dans les moustaches, au bout du nez, entre les sourcils, sur les joues, d'autres pustules isolées, contemporaines de celle qui avait produit le clou du menton, s'étaient arrêtées dans leur évolution et avaient séché sur place.

Malgré le nombre des lésions concentrées sur la tête de ce malade, il ne survint aucune complication de lymphangite ni d'adénite.

Un peu d'érysipèle se produisit après les premières onctions d'huile de cade. Il se dissipa dès qu'on eut cessé l'emploi de ce topique.

Le traitement ne consista plus, dès ce moment, qu'en des applications de plumasseaux de charpie, imbibés d'une solution aqueuse d'acide phénique, à deux millièmes.

C'est sur ce malade que furent pratiquées les inoculations dont il a déjà été question. Du pus pris sur l'ulcère de la cuisse droite fut introduit, par deux piqûres de lancette, sous l'épiderme de la cuisse gauche du même sujet. — Le résultat fut négatif.

Grand resta trois mois à l'hôpital et sortit guéri le 9 avril 1874. Chacun des clous dont il avait été atteint, avait laissé une cicatrice brune et déprimée, dont la surface perdit peu à peu de son irrégularité.

DEUXIÈME OBSERVATION.

Laigre (Henri), tambour au 138°, salle Saint-Maurice, n° 10, a eu la dysenterie pendant son séjour à Msila, mais pas de clous.

Il a été atteint à Limoges, au commencement de décembre 1873, d'un bouton à la face palmaire de l'avant-bras gauche. D'abord traité à l'infirmerie du régiment, ce bouton s'est développé et a nécessité l'entrée du malade à l'hôpital, le 27 janvier 1874.

Le bouton présente alors les caractères suivants : surface ulcérée de six centimètres sur cinq. Dans l'aire de l'ulcération, le derme présente de nombreuses découpures figurant des brides, des ponts, des îlots, des lambeaux irréguliers, les uns à large base, les autres adhérant par un pédicule étroit en forme d'isthme. — Sur les bords de l'ulcération, tuméfiés et d'un rouge-vineux, s'élèvent des pustules suppurantes. Le liquide sécrété est tenu, concrescible, d'une odeur fétide. Ce caractère a été spécialement noté chez ce malade qui, du reste, est très sain.

De ce bouton, comme point de départ, naissent et remontent le long de l'avant-bras, des traînées de lymphatiques enflammés. — Isolé et bien distinct de ces traînées angéioleucitiques, on sent, dans la direction de l'une des veines radiales et de la céphalique, un cordon volumineux, cylindroïde, dur, noueux de distance en distance. La peau qui le recouvre ne présente aucune altération de couleur. — A ces signes, nous reconnaissons, qu'outre la lymphangite évidente, une phlébite partielle existe aussi, comme complication. — Point d'adénite, axillaire ou épitrochléenne.

Pendant le séjour du malade à l'hôpital, à partir du cinquième jour de son entrée, une pustule apparut sur le bord interne et à la partie moyenne du pied gauche. A cette première pustule s'en ajoutèrent successivement sept à huit autres. Ces pustules se réunirent par leurs bords, se confondirent, s'ulcérèrent et, de ce travail ulcératif, résulta une perte de substance irrégulière, peu profonde, de deux centimètres sur douze millimètres, dans ses deux principaux diamètres superficiels. — Bientôt, au-dessus de cette ulcération, nous vîmes naître de petites plaques d'angéioleucite réticulaire, et, le long du trajet de la veine saphène interne, de sa naissance à la partie moyenne de la jambe, se développa un cordon sous-cutané, du volume d'une plume d'oie, noueux, dur, sans changement de couleur à la peau, qui résultait évidemment de l'inflammation de la saphène. — Point d'adénites inguinales. — Les signes de la phlébite, à la jambe comme au bras, allèrent en s'amoindrissant, à mesure que le travail cicatriciel des ulcères faisait des progrès. On en trouvait encore des traces à la sortie du malade.

Le moyen de traitement employé chez ce malade, a été l'appareil de Baynton. Sept applications de bandelettes imbriquées furent faites, pendant la durée de son séjour à l'hôpital, qui a été de quarante-cinq jours. — Comparé au traitement par l'huile de cade et par la solution phéniquée, qui avait été employé chez le malade précédent, l'appareil de Baynton a donné de bien meilleurs résultats. Dès les premières applications, les lambeaux flottants de la surface de l'ulcère ont contracté adhérence avec le fond; la tumeur s'est affaissée; la suppuration a diminué graduellement, puis a cessé; il n'y a jamais eu de croûtes. — Le malade est sorti guéri, le 13 mars 1874. — La durée totale de la maladie avait été de trois mois et demi.

TROISIÈME OBSERVATION.

Marion (Jean-Baptiste). — Salle Saint-Maurice, n° 4. — A toujours été bien portant, pendant son séjour en Afrique.

Il entra à l'hôpital de Limoges le 3 février 1874, pour des clous de Biskra dont il était atteint depuis six semaines, ce qui faisait remonter la date de l'invasion, au milieu de décembre 1873.

Jusqu'alors, Marion avait été traité à l'infirmerie du régiment. Nous constatâmes, le jour de son entrée à l'hôpital, l'existence de huit clous; trois à la main droite, trois à la main gauche, deux à la jambe droite. A quelques différences près, ces clous se ressemblaient tous. Voici leurs caractères communs : surface rouge-violacée, à saillie convexe, de quatre à cinq centimètres de diamètre, présentant quelques pertuis ulcérés au centre. De toute cette surface, suintait une sanie claire, concrescible, d'où résultaient des squames qui restaient adhérentes. Autour des clous ainsi constitués, surgissaient çà et là des pustules isolées, en nombre variable, de dix à trente, suivant les régions. De ces pustules, les unes s'ulcéraient et persistaient, les autres séchaient après avoir versé le produit de la suppuration de leur sommet. En général, celles qui naissaient pendant la période de réparation des clous, n'avaient qu'une existence éphémère.

Ce malade fut traité comme celui de notre première observation, par des applications locales de plumasseaux de charpie, imbibés d'une solution phéniquée. Chez celui-ci, la guérison marcha plus rapidement que chez le premier malade. Le 7 mars, les deux clous de la jambe étaient guéris. Ceux de la main gauche ne suppuraient plus; il restait quelques squames à leur centre et quelques pustules, en voie de guérison, à la périphérie. Sur l'un d'eux, la partie centrale était restée déprimée, comparativement aux bords qui présentaient une légère saillie, au-dessus du niveau des téguments voisins.

Cette même disposition était encore plus accusée sur les clous de la main droite, encore recouverts de squames humides et parsemés de pustules à sommet purulent.

L'état général du sujet n'avait pas cessé d'être excellent, pendant toute la durée de la maladie. — Pas de lymphangite; — une seule adénite. Elle était sub-trochléenne et située au-dessous du siége ordinaire du ganglion cubital superficiel ; elle répondait à six centimètres au-dessous de l'épitrochlée gauche. — Le malade sortit guéri, le 25 mars 1874, après cinquante jours de séjour à l'hôpital.

QUATRIÈME OBSERVATION.

Miguet (Célestin), salle Saint-Maurice, n° 8. — A eu la fièvre intermittente en Afrique et une entérite chronique à Msila, mais pas de clous.

Les premiers dont il fut atteint, se manifestèrent à Limoges, en décembre 1873. Miguet fut d'abord soigné à l'infirmerie régimentaire, puis il entra à l'hôpital, le 11 février 1874.

Il avait alors quatre clous. Tous siégeaient aux membres inférieurs : un au-dessus de la malléole interne gauche, un à la partie inférieure de la même jambe, deux à la région correspondante de la jambe droite. Celui qui se trouvait au-dessous de la malléole interne était, de tous, le plus considérable. Il était profondément ulcéré et donnait beaucoup de sanie; l'inflammation périphérique était intense et de forme érysipélateuse.

Après avoir employé les premiers jours à combattre la complication inflammatoire, nous fîmes appliquer sur cet ulcère des bandelettes de sparadrap diachylon, qui furent renouvelées tous les six jours. — Les autres clous, comparativement bénins, ne nécessitèrent pas l'emploi de ce moyen.

Tous étaient guéris le 13 mai 1874, jour de l'exéat. Mais le malade était encore pâle, maigre, débile. Cette altération générale de l'organisme dépendait moins de la suppuration des ulcères, quelque abondante qu'elle ait été, que du long séjour du malade à l'infirmerie, puis à l'hôpital et surtout de la diarrhée persistante qu'il avait contractée en Afrique et qui avait résisté à un traitement approprié. — Il obtint, à sa sortie, trois mois de convalescence dans sa famille.

La durée du séjour à l'hôpital avait été de trois mois. — La durée totale de la maladie, d'au moins quatre mois et demi.

CINQUIÈME OBSERVATION.

Fournier (Jacques-Louis), salle Saint-Maurice, n° 6. — N'a jamais été malade en Afrique. — Un mois après sa rentrée en France, c'est-à-dire en novembre 1873, il fut atteint de clous de Biskra qui le génèrent assez peu, pour qu'il lui fût possible de continuer son service; il n'entra pas à l'infirmerie. Cependant, le 14 mars 1874, il fut envoyé à l'hôpital.

Il portait encore alors les quatre clous dont il avait été atteint au mois de novembre précédent. Trois occupaient le côté gauche du visage, la pommette, l'angle de la mâchoire inférieure, la région sous-maxillaire. Le quatrième siégeait sur le dos de la main droite.

Tous quatre présentaient le même type, la forme sèche. Quelques pustules isolées apparaissaient entre les clous du visage et autour de celui de la main.

Après quatre mois d'existence, ces boutons n'en étaient encore qu'à la période stationnaire.

Nous prescrivîmes, sur chacun d'eux, une onction par jour, avec une pommade faible, au sel de Boutigny :

Iodo-chlorure mercureux.......... 0.25
Cérat simple...................... 30 »

Ces onctions produisirent, sur tous les boutons, une vive excitation et sur ceux du visage, un effet résolutif rapide.

Dès les premiers pansements, la surface morbide s'anima, les squames tombèrent, les pustules furent détergées. Sur le bouton de la main, moins avancé que ceux du visage, ces effets dépassèrent même les limites de l'excitation désirable. Un peu de pus se mêla à la sécrétion spéciale du bouton, dont la quantité avait été notablement augmentée. Nous dûmes suspendre l'emploi de la pommade.

Le 1er avril, les trois clous du visage étaient guéris. A leur place, se voyaient des surfaces violacées, rugueuses, inégales; mais il n'existait plus ni pustules ni sécrétion anormale. — Celui de la main était encore saillant et hérissé de pustules. L'état inflammatoire ayant été dissipé, par la suppression de la pommade et l'application de topiques émollients, l'appareil de Baynton fut appliqué pendant quelques jours, pour aplanir et régulariser la surface.

Le 14 mai, le malade sortit guéri de l'hôpital.

Il y était resté deux mois. — La maladie en avait duré six.

Nous résumons, dans le tableau suivant, les faits principaux relevés dans les observations qui précèdent :

NOMS DES MALADES.	SÉJOUR A L'HOPITAL.	DURÉE DE LA MALADIE	TRAITEMENT EMPLOYÉ.	OBSERVATIONS.
GRAND (Michel)........	Du 6 janvier au 9 avril 1874. (3 mois, 3 jours).	3 mois, 15 jours.	Topiques émollients, solution phéniquée, huile de cade.	Forme ulcéreuse et ostracée. Inoculation négative.
LAIGRE (Henri)	Du 27 janvier au 13 mars 1874 (1 mois, 15 jours).	3 mois, 8 jours.	Topiques émollients, appareil Baynton.	Forme ulcéreuse — compliquée d'angéioleucite et de phlébite.
MARION (Jean-Baptiste).	Du 3 février au 25 mars 1874 (1 mois, 20 jours).	3 mois, 10 jours.	Solution phéniquée.	Forme sèche.
MIGUET (Célestin)	Du 11 février au 13 mai 1874 (3 mois).	5 mois.	Appareil Baynton.	Forme ulcéreuse.—Entérite chronique. (3 mois de convalescence).
FOURNIER (Jacques-Louis)	Du 14 mars au 14 mai 1874. (2 mois).	6 mois.	Pommade à l'iodo-chlorure mercureux.	Forme sèche.

De l'analyse comparative de ces observations, il ressort : que la durée moyenne du clou de Biskra, observé à Limoges, a été de quatre mois environ.

C'est aussi la moyenne donnée par les auteurs, pour la forme sèche ou bénigne de la maladie. Mais ici, nous avons eu, dans la majorité des cas (3 sur 5), la forme ulcéreuse ou grave, dont la durée moyenne est généralement évaluée à dix mois.

D'où cette conséquence, que le clou de Biskra perdrait sensiblement de sa ténacité, quand il s'éloigne de son pays d'origine. — Quant à l'influence du traitement, nous ne pouvons tirer aucune conclusion du petit nombre de faits que nous avons eu à observer.

Nous croyons devoir rapprocher de nos observations personnelles, deux observations de clous de Biskra, faites l'une à Lyon, en 1862, l'autre à Paris, en 1874. Ce sont, à notre connaissance, les seuls cas observés en France, dont il soit fait mention dans les publications périodiques ou dans les recueils scientifiques.

En 1862, M. A. Favre présenta à la Société des Sciences médicales de Lyon, un jeune homme atteint de la maladie connue sous le nom de *Clou ou Bouton de Biskara*.

Voici, reproduite textuellement, l'observation du docteur Favre. Nous la donnons, dégagée des considérations générales sur l'Abba ou *Bouton de Biskara*, qui la précèdent et qui la suivent :

« Vacala (Jean), vingt-cinq ans, excellente constitution, tempérament sanguin, nerveux, s'est présenté à ma consultation le 5 juillet, et m'a montré à la face palmaire du poignet droit, un ulcère à fond rouge, à bords recouverts d'une croûte sèche. Je le soumettais à un interrogatoire minutieux, lorsqu'il s'est empressé de me dire que mon collègue au chemin de fer, le docteur Crestin (1), avait reconnu là le bouton de Biskara. — Vacala a quitté le 3ᵉ régiment de chasseurs d'Afrique, il y a quatre mois et demi. Il était en garnison à Biskara, il y a dix-huit mois, et il y est resté un mois. Il a habité Constantine pendant trois ans et demi et fait partie de plusieurs expéditions

» 1° Il y a environ six mois et demi que le malade a vu paraître, à la face palmaire du poignet cubital (*sic*), un bouton rougeâtre qui s'est ulcéré au bout de trois semaines : un mois et demi après, la cicatrice était complète. — Elle présente les caractères que j'ai indiqués pré-

---

(1) Le docteur Crestin avait observé l'abba dans les lieux où il est endémique.

cédemment : cicatrice à surface livide, circonscrite par une auréole noirâtre et légèrement chagrinée ;

» 2° Peu de temps après le premier bouton, un deuxième s'est ulcéré à la partie moyenne du poignet ; il a été recouvert par une croûte sèche, pendant longtemps. Depuis quelques jours seulement, la croûte est tombée et les bourgeons charnus se sont montrés ;

» 3° En arrière de la cicatrice que j'ai indiquée, se trouve un tubercule qui paraît siéger dans l'épaisseur du derme, du volume d'un pois ; il s'est manifesté au-dessus un peu de rougeur à la peau et quelques squames ;

» 4° Depuis trois semaines, à la partie moyenne, près du bord cubital de l'avant-bras, face interne, le malade a vu paraître un bouton offrant assez d'analogie avec certains furoncles, d'un rouge érysipélateux, acuminé, présentant une croûte sèche, déprimée à son centre. — Cette tumeur, qui n'est pas douloureuse, est quelquefois le siége de démangeaisons.

» La période d'incubation est évidemment passée inaperçue pour le malade. — A l'examen du sujet, vous trouverez : 1° une cicatrice caractéristique ; 2° l'ulcère de la fin de la troisième période ; 3° le tubercule qui précède la formation du bouton, et à l'avant-bras ; 4° le bouton en pleine évolution.

» Je ne m'occuperai pas des causes ni du traitement du bouton de Biskara. — Je pense qu'il ne restera aucun doute dans votre esprit au sujet du diagnostic. »

(*Mémoires et Comptes rendus de la Société des sciences médicales de Lyon*, tome I, 1861-62, p. 128.)

La dernière observation a pour objet une affection qui a débuté en Afrique et s'est continuée en France. Elle est relatée dans le procès-verbal de la séance du 12 juin 1874 de la Société médicale des hôpitaux de Paris.

Voici l'extrait du procès-verbal qui s'y rapporte :

« M. Hillairet fait voir un moulage qui représente un spécimen d'affection cutanée très rare dans notre climat. Il s'agit du bouton de Biskra. Le malade qui en est atteint est un capitaine âgé de quarante-cinq ans, très robuste, et qui a ressenti, pendant qu'il était à Biskra, après les intempéries de novembre et de décembre, les premières manifestations du bouton de Biskra. Ce début consista en des démangeaisons siégeant aux mains, au niveau du premier et du cinquième métacarpiens ; il en survint, quelque temps après, à la face palmaire de l'avant-bras ; à ces démangeaisons succédèrent des boutons dont la surface s'exfolia, puis s'ulcéra. Aujourd'hui on remarque, sur les points ulcérés, un bourgeonnement papillaire, couvert d'une croûte grisâtre peu épaisse, et l'on distingue parfaitement au pourtour le renflement des vaisseaux lymphatiques altérés eux-mêmes. Sous l'influence des bains et des cataplasmes d'amidon froids, les saillies papillaires se sont affaissées et les engorgements lymphatiques ont diminué notablement. L'amélioration est des plus manifestes. Bien qu'on ait donné d'autres noms aux boutons d'Alep et du Nil, il est bien probable qu'il s'agit d'un bouton pareil à celui de Biskra, si l'on en juge par la ressemblance des descriptions qui nous en sont données. »

(*Union médicale*, n° du 14 juillet 1874.)

La considération qui termine, relative à l'assimilation du clou de Biskra avec le bouton d'Alep et le bouton du Nil, exprime une opinion que M. Hillairet n'est pas seul à représenter. Ce passage nous prouve qu'il n'y a rien de superflu dans les longs développements que nous avons donnés, dans notre travail, au chapitre du diagnostic.

CONCLUSIONS.

Le clou de Biskra, maladie endémique dans une partie de l'Afrique, peut être observé dans des pays éloignés du foyer de l'endémie.

Les cas de diffusion, encore peu nombreux, observés en France, sont tous compris dans la période de 1862 à 1874.

Les rapports, de plus en plus multipliés, de l'Algérie avec la métropole, de l'Europe avec l'Afrique, ne peuvent manquer de rendre cette diffusion plus active.

De là l'utilité, en Europe, des études qui ont pour but de faire connaître le clou de Biskra.

Les points qui nécessitent surtout de nouvelles études sont l'étiologie, le traitement, la comparaison du clou de Biskra avec les boutons de l'Inde et du Nil.

Les données récentes de la science, sur la nature parasitaire du clou de Biskra, ont besoin d'être confirmées par de nouvelles recherches.

La détermination positive de la nature de la maladie, deviendra la base essentielle de son traitement.

La durée de la maladie paraît être sensiblement moindre, loin des limites que dans le foyer de l'endémie.

Limoges, le 30 août 1876.

Dr RAYMONDAUD.

Limoges, imp. v° H. Ducourtieux, rue des Arènes.

www.ingramcontent.com/pod-product-compliance
Lightning Source LLC
Chambersburg PA
CBHW060718050426
42451CB00010B/1509